LA DÉCOUVERTE

DE LA

VILLE D'ANTRE

EN FRANCHE-COMTÉ.

AVEC

Des Questions curieuses pour éclaircir l'Histoire Civile & Ecclesiastique de cette Province.

A PARIS.

M. DC. XCVII.

LA
DECOUVERTE
DE LA
VILLE D'ANTRE
en Franche-Comté.

E quatre grandes Villes qui étoient du temps des Romains dans le païs des Sequanois, qui est à present la Franche-Comté, il ne restoit que la Ville de Besançon, qui fut connuë; les trois autres *Datisium*, *Equestris*, *Aventicum*, étoient perduës. On vient de découvrir la derniere, *Aventicum*, la ville d'Avenche, ou d'Avantre, par corruption d'Antre, comme on apelle encore à present l'endroit où elle étoit. Elle est presque à quarante six degrez de latitude, comme Ptolomé qui en parle, a marqué.

Une Tradition du païs, fort obscure, portoit qu'il y avoit eû autrefois une Ville au Lac d'Antre: Les ruines qu'on y voyoit, & les Medailles qu'on y trouvoit, en disoient aussi quelque chose; mais on n'en sçavoit pas davantage, le temps achevoit de tout effacer.

La ville d'Antre est située entre Saint Claude & Moyrans dans la Franche-Comté. C'est une ancien-

ne ville des Gaules, que les Romains avoient élevé
& fortifié d'une maniere extraordinaire, pour quatre raisons.

La premiere, parce que c'étoit le sejour des Prêtres & des Druides Sequanois; le centre & le Gou-
vernement de la Religion du païs.

La seconde, parce qu'il y avoit des Mines d'Or
& de Plomb.

La troisiéme, parce qu'elle étoit le grand passage
de l'Italie sur le Rhin, par Geneve, Nantua, Dor-
then, Gerre, Moyrans, &c.

La quatriéme, parce que les Sequanois étoient un
peuple parmi les Gaulois des plus considérables
& des plus Belliqueux; qui s'étoient si fort distin-
gué à la prise de Rome, & dans les guerres des
Gaulois contre les Romains. Les Sequanois étoient
toûjours de liaison avec les Gaulois, ou avec les
Allemans contre les Romains, dont ils étoient les
grands ennemis, comme dit Strabon, ne pouvant
en porter le joug ny souffrir leur Empire.

LE LAC D'ANTRE

Il y avoit au Lac d'Antre deux Temples, un grand
& un petit, éloignez de trente pas l'un de l'autre.
Le grand étoit quarré, & le petit rond.

Le grand est d'ordre Corinthien, la Corniche
est encore toute entiere, de la plus belle structure
Romaine, qui ait jamais été: on ne voit rien de
plus fini en cette matiere. Elle a vingt-deux toises
de longueur. Le Temple étoit soûtenu de deux
rangs de grosses Colomnes de marbre blanc & de
marbre gris, qui aproche du Granit d'Egypte. Les
Colomnes sont encore la plûpart en place.

Les fondemens qui subsistent encore jusqu'à la
Corniche, sont tous de grosses pierres sans ciment,
liées avec du plomb fondu & des crampons de fer.

Le portique du grand Temple est de la même longueur que le Temple, & large de douze toises.

Le petit Temple est de petites pierres, hors de l'entrée qui est d'une autre structure; & de l'Autel qui subsiste encore.

Les deux Temples ont chacun une enceinte de murailles : le quarré une enceinte quarrée, & le rond une enceinte ronde. Le petit Temple étoit pavé de marbre, avec un masticage épais de deux pieds sous le pavé. On a trouvé dans l'un & dans l'autre du Serpentin d'Egypte, du Granit, du Jaspe, du Marbre de toutes façons, de Narbonne, de Gennes, &c.

Le grand Temple étoit dedié à Mars & à Auguste tout ensemble; ce qui est bien à remarquer, comme on le voit dans l'Inscription qui en reste: *Marti & Augusto.* Il fut bâti par les soins de Petronius Metellus Gouverneur des Sequanois, comme on le voit dans la même Inscription; & par les ordres d'Agripa, comme il paroît par une autre Inscription; qui sont les deux qui restent.

Le petit Temple étoit probablement consacré à Jupiter, car on y a trouvé sa Statuë. Il est encore probable, que c'étoit le Temple particulier du grand Prêtre & du chef des Druides.

Prés du Portique du grand Temple il y a un Theatre en demy-cercle, de la même structure que le Temple, dont le Theatre pour les Acteurs, & l'endroit des Machines, regardent la Colline, où l'on avoit bâti des terrasses pour les Spectateurs. L'espace peut tenir plus de quinze mille personnes. L'orcheste à quarante-six toises de longueur, & trente-trois de largeur.

On voit par ce Theatre, qui est d'une structure admirable, & d'une si vaste étenduë, qu'il y avoir au Lac d'Antre un College où l'on instruisoit la jeunesse Sequanoise dans tous les exercices de Re-

ligion & de literature , & que c'étoit le séjour des
Druides qui demeuroient dans les Forêts , comme
Cesar & Pline ont marqué. Il y avoit aussi de grands
bâtimens pour les Prêtres ; l'enceinte en est fort
vaste , comme d'une grande Ville , dont une porte
paroît encore , avec les vestiges de la muraille en
plusieurs endroits.

Le Lac qui est à présent plus bas , n'étoit point
du temps des Romains ; ce n'étoit qu'un Marest ,
par où les eaux s'écouloient , aprés avoir servi aux
Temples , aux Victimes , & aux autres usages. La
preuve de cela est , que les Aqueducs pour l'écou-
lement des eaux, & les Chaussées des Romains paroissent encore. Les Colomnes qui sont dans le Lac,
ne sont que de grandes poutres & de grands ar-
bres de ces Chaussées. Le Lac s'est formé par la
chûte des terres & des rochers d'en haut , qui ont
fermé le passage aux eaux pendant quelque temps,
(comme il est encore arrivé de nos jours ,) & qui
ont ruiné les Aqueducs & les Chaussées. C'est la
raison pourquoy le Lac a peu d'eau & beaucoup de
boue. L'eau du Lac d'Antre demeure à couler sous
terre jusques au Pont des Arches dix - huit heures.
On doute si la chûte des terres & des rochers d'en-
haut , qui arrive de temps en temps , & qui oblige
les Païsans & les Meûniers d'aller creuser au Lac
d'Antre pour ouvrir le passage à l'eau ; on doute si
cela n'a point fait perdre d'eau, ni diminué la source depuis les Romains ; parce qu'il semble , qu'il
sort plus d'eau du Lac d'Antre , qu'il n'en paroît
au Pont des Arches , & qu'on trouve à présent à
sec les Aqueducs du Pont ; qui vont du Septentrion
au Midi.

LA VILLE D'ANTRE.

La Ville d'Antre étoit située un quart de lieuë

plus bas que le Lac au couchant. Cette Ville étoit
comme quarrée. Elle avoit demy lieuë de longueur, & demy lieuë de largeur. Sa longueur tient
depuis Bomeri jusques au Château de *Châtillon*,
qui est au deslous des Villages, qui s'appellent *Les
Villards*, c'est-à-dire les restes de la Ville. Sa largeur prend du milieu de la côte du Lac d'Antre,
jusques sur la Roche-Rive, qui regarde le Château
de Moyrans, où il y avoit un chemin qui alloit à
cette Forteresse. On ne peut disconvenir de cette
grandeur; puisqu'on trouve les murailles de la
Ville, & des Bâtimens en ces endroits. On voit
par là que la ville d'Antre étoit autrefois plus grande que la ville de Lyon ne l'est à présent.

Le pont des Arches a subsisté & paru de tout
temps. Il y a 25. ans environ que des Païsans dé-
couvrirent une partie de la fonderie; le reste étoit
inconnu.

On vient de découvrir entierement le Pont & la
Fonderie, le Palais du Gouverneur Romain, le Prétoire, les Halles, un Temple, une Terrasse, les
Bains publiques, une place publique, une porte de
la Ville défenduë de deux Tours, avec un corps
de garde. Tout cela est de grosses pierres liées
avec du plomb & du fer. Il y a au dessus du Palais
du Gouverneur des vestiges d'une Citadelle, qui
dominoit toute la Ville. Ce qui montre que la
Cité d'Antre (c'est ainsi qu'elle est apellée en quelques vieux Contracts) étoit fortifiée d'une maniere
extraordinaire.

LE PONT DES ARCHES.

Le Pont s'appelle *des Arches*, c'est-à-dire des
Arcs, parce qu'il est fait en Aqueduc, & qu'il y en
a plusieurs unis ensemble; deux qui vont de l'O-
rient au Couchant, & deux du Septentrion au

Midi, qui réünissent ainsi l'eau de quatre sources.
Ce pont est du plus beau Romain, d'une structure
admirable & tout-à-fait extraordinaire; tout de
grosses pierres liées avec du plomb & du fer. Ce
pont servoit pour la communication de la Ville,
qui étoit des deux côtez de la petite riviere d'Heria, pour conduire en même temps les eaux dans
la Fonderie qui est plus bas, & pour laver la terre
des Mines.

Ce Pont n'est pas si haut, ni si long, que le
pont du Gar en Languedoc; mais il a plus d'arti-
fice & de beauté, quoy qu'il soit rompu aux deux
bouts. L'endroit par où les gens de pié passoient étoit
pavé de Marbre, couvert de galleries, qui regnoient
tout le long, soûtenuës par de grands pilliers de
Marbre, dont le bas de hauteur d'apuy étoit in-
crusté de Marbre & de Jaspe, avec des peintures
sur du Mastic de la derniere beauté, qui se sont
conservées pendant plus de dix-sept siecles, dont on
a aporté des morceaux à Besançon, qu'on voit au
medaillier du College des Jesuites.

A la source du ruisseau où commence un Aqueduc du pont, il y a un bassin d'un mastic rouge si
dur qu'après dix-sept siecles on n'en peut presque
rien avoir. L'eau conserve la fermeté de ce mastic,
car trois jours après qu'il a été à l'air, il s'en va
en poussiere.

LA TERRASSE.

Dés le pont jusques aux Villards, prés de demy-
lieuë, il y a une Terrasse large de huit toises, des
deux côtez du ruisseau, qui servoit de promena-
de, toute de grands quartiers de pierre, qu'on ap-
pelloit chez les Romains, *Lapides quadri.* On a tail-
lé le roc en plusieurs endroits pour aligner la terrasse. On y voit encore en trois endroits les Aque-

dues qui portoient l'eau dans les fontaines des pla-
ces de la Ville, & dans les bains publiques, & qui
la raportoient. Le Canal est pavé dessous de grandes pierres polies, ce qui rend l'eau encore plus
claire, & plus cristalline. Il y a en haut d'autres
terrasses, pour les bâtimens, pour les rues de la
Ville & pour les jardins.

Les bains publiques étoient entre le pont des Arches & le petit Villard, du côté du Lac d'Antre,
dans l'endroit où l'on en voit encore les mazures
& trois grands Aqueducs.

LA FONDERIE.

La Fonderie est au dessous du pont des Arches, elle
en est éloignée de cent pas. Elle est comme le pont
de grosses pierres, & de la plus belle structure Romaine. On ne croit pas que les Romains ayent
bâti une plus belle fonderie, ny plus vaste dans les
Gaules que celle-cy. Le premier étage subsiste encore, où il y a plusieurs appartemens ; les uns pour
fondre les métaux ; les autres pour battre la monnoye. Tout est de marbre & de peinture au dedans.
On y a trouvé plus de quatre cents livres de plomb,
avec beaucoup de crasse d'or. On dit qu'on y a
toûjours trouvé de l'or, & que plusieurs familles
s'y sont enrichies. Un Païsan nommé *Ostende*, y a
trouvé trois lingots d'or, avec beaucoup de plomb.
La Tradition du païs ne varie point sur cela : Ce
qui est de certain, c'est qu'il y a un pré au dessus
de la fonderie, qui s'appelle dans les Contracts, *le
Pré à la mine* ; & que les Romains n'auroient jamais fait un édifice si superbe que celuy-cy, pour
des mines de plomb.

Le Palais du Gouverneur Romain est au dessus
de la fonderie ; on en voit encore la porte, la cour,
l'escalier, une terrasse, de grandes ruines, où l'on

trouve par tout des peintures, du marbre, du verre
fort épais, & du charbon.

Le Prétoire joint le Palais du Gouverneur : les
Halles sont plus haut, elles ont trois rangs de pilliers & sont fort longues : elles se terminent à un
Temple de figure ovale, dont l'entrée subsiste encore, tout de grosses pierres, comme les autres bâtimens publics.

LES FORTERESSES.

La ville d'Antre n'étoit pas seulement fortifiée
de fortes murailles, & d'un grand nombre de tours,
qui paroissent en plusieurs endroits ; mais elle étoit
encore défenduë par quatre forteresses, qui fer-
moient les passages. L'une étoit sur la cime du ro-
cher du Lac d'Antre. Les trois autres étoient le Château de Moyrans, le Château de Châtillon, & le Château de Gerre.

Le Château de Moyrans étoit de l'ancien Romain. Il avoit été bâti par les ordres de Jules-Cesar, pour fermer le passage des Gaules aux Suisses.
Les fortifications de ce Château étoient d'une vaste
étenduë, elles alloient au Levant contre la Roche-Rive, & au Couchant jusqu'à l'Eglise de Moyrans. On ne pouvoit ainsi passer dans la Vallée que
par les fortifications & par les barrieres du Château. Le Donjon étoit une haute tour de figure
octogone en dehors, & ronde en dedans, qui a été
abattuë depuis la prise de la Franche-Comté. Il y a,
23. ans.

Le Château de Châtillon & de Gerre furent
bâtis aprés du temps d'Auguste sur les rivieres de
Bienne & d'Heria, lors qu'on fortifioit la ville d'Antre. C'est pour cela qu'ils sont du beau Romain, &
d'une structure encore plus belle que celle du Château de Moyrans.

L'HISTOIRE.

La ville d'Antre a été saccagée & brûlée, comme il est à croire, par Atila, lors qu'il passa l'an 452. des Gaules ; (où il avoit été battu par Aëtius) dans l'Italie, où il prit & ruina Milan, Pavie, Aquilée ; qu'il menaçoit Rome, & qu'il fut l'occasion, comme on croit, du commencement de la Republique de Venise. Ainsi l'Historien qui a écrit qu'Atila entra en Italie par la Pannonie, s'est trompé ; il y alla par le droit chemin.

On ne peut douter que la ville d'Antre n'ait été brûlée, la plûpart des pierres étant un peu calcinées : on trouve encore par tout du charbon dans la terre, & des restes de poutres brûlées.

On reconnoît par un autre endroit, que le fleau de Dieu a détruit cette Ville, parce qu'on y a trouvé des Medailles de tous les Empereurs Romains, jusqu'à son temps ; & rien de nos Rois, ou de ceux de Bourgogne, qui occuperent le païs peu de temps aprés.

Il y avoit un Evêché dans la Cité d'Antre ; le dernier Evêque a signé au second Concile de Mâcon, l'an 588. Il s'apelloit Marius. Le Pere Sirmon croit que c'est cet Evêque, qui a porté son siege à Lausanne, qu'on démembra du Diocese de Geneve. Voilà pourquoy l'Evêque de Lausanne est Suffragant de l'Archevêché de Besançon, comme étoit celuy d'Avenche. Lyon & Besançon partagerent ensuite le Diocese d'Antre ; c'est pour cela que Saint Claude est du Diocese de Lyon, & Moyrans de Besançon.

Il est étonnant qu'on ait demeuré pendant plus de douze siecles à déterrer cette Ville & à la découvrir. Ce qui a contribué à cela, c'est que les Auteurs qui se copient d'ordinaire les uns & les

autres sans critique, & sans rien examiner, ont toûjours pris Avenche pour une ville de Suisse, sans
prendre garde à ce que Ptolomé marquoit, qu'il y
en avoit deux, l'une en Suisse, l'autre en Franche-
Comté. *Aventicum Helvetiorum, Aventicum Sequanorum.*

On ne peut douter qu'il n'y en ait eû deux, puisque les anciens Auteurs marquent les deux Villes
& leurs differentes situations de latitude & de lon-
gitude.

D'ailleurs Gontran Roy de Bourgogne ayant as-
semblé à Mâcon, l'an 588. tous les Evêques de ses
Etats, Marius Evêque d'Avenche ne s'y seroit pas
trouvé, comme il s'y trouva, s'il avoit été Evêque
en Suisse, la Suisse n'étant pas des Etats de Gontran ;
mais cet Evêque y fut apellé, parce qu'il étoit Evêque d'Avenche ou d'Antre en Franche-Comté.

Ainsi on ne peut disconvenir que la ville d'Antre ne soit l'ancienne ville d'Avenche, que Ptolomé le plus celebre & le plus exact de tous les anciens Geographes, à marqué dans le païs des Sequanois, au même degré de latitude, où l'on en
a retrouvé les débris. Il y a quelques années qu'un
homme qui est encore en vie, faisant tirer des pierres dans les mazures du Château de Châtillon, qui
étoit la porte de la ville d'Antre du côté du Midi,
il y trouva un medaillon d'argent de Vespasien, de
la grandeur d'une piece de trente-sols. D'un côté
c'étoit la tête de cet Empereur : de l'autre une Ville
avec cette inscription, *Civitas Aventica.* On porta
le medaillon à Saint Claude, où plusieurs personnes
l'ont vû. De S. Claude on l'a porté à Geneve à un Or-
févre qui l'a fondu.

On prie les Sçavans & les Curieux d'envoyer
leurs reflexions & leurs découvertes sur cela, &
d'en rechercher tous les anciens monumens pour
achever de tout reconnoître & de tout éclaircir.

On en fera alors une plus ample relation, avec les plans de cette Ville & de tous les bâtimens qui y restent, qu'on va faire dessiner & graver, pour contenter le Public, sur tout ceux du Païs, qui prennent interest à cette Découverte.

AVERTISSEMENT.

ON n'a pas marqué les endroits des Auteurs, qu'on a cité dans cette Relation, parce que ce sont des choses communes, que tout le monde sçait.

On prie ceux à qui cette Découverte sera de la peine, de ne pas contester pour leur honneur, qu'ils ne se soient rendus sur les lieux, ou qu'ils n'ayent parlé à des gens connoisseurs, qui y ayent été. Ils jugeront alors au juste, si on a exageré dans la Relation, ou non ? puisque ce sont des faits qu'on asseure, & des faits éclatans qui subsistent encore, comme sont les débris d'une grande Ville, & les restes de grands Bâtimens. On a droit de se moquer de tels Critiques, s'ils en parlent d'abord par prejugez & en ignorans, & s'ils en jugent sans avoir rien vû, ny par eux-mêmes, ny par les autres.

QUESTIONS CURIEUSES,

*Sur l'Histoire Civile de la Franche - Comté,
qui sont autant de sujets de dissertations,
pour éclaircir l'Histoire du païs, qui a esté
obscure & negligée jusqu'à present.*

On prie les Sçavans & les Curieux de la Franche-Comté, de choisir quelques points de l'Histoire qu'on leur propose, de s'y attacher & de les aprofondir. C'est un service qu'ils rendront à la Patrie, qui en conservera le souvenir. Le Public y prendra plaisir, & leur en sera obligé.

QUESTIONS

*Sur l'Histoire ancienne de la Franche-
Comté.*

I.

Usqu'où la Province des Sequanois, apellée *Maxima Sequanorum*, s'étendoit du côté de la Suisse, du Bugey, de la Bresse, du Duché de Bourgogne, de Lorraine & d'Alsace, du temps de Jules-Cesar & d'Auguste?

II.

Si nul Auteur Sequanois n'a écrit du temps des Gaulois & des Romains? Pourquoy ils écrivoient si peu? Qui sont les Auteurs Grecs & Romains, qui ont parlé de ce païs?

III.

Pourquoy les Sequanois n'ont jamais été alliez avec les Suisses, & souvent avec les Allemans; & par quels moyens ils s'éleverent à la premiere authorité

dans les assemblées des Gaules, malgré la jaloufie
des autres peuples, & l'inimitié des Eduois.

IV.

Depuis quel temps on a apellé le païs des Sequanois la Franche-Comté, & pourquoy ?

V.

Par quels endroits de la Franche-Comté passe la
Levée des Romains, qui va de Lyon à Besançon, &
de Besançon à Bâle ? Quel Empereur Romain l'a fait
faire ? D'où vient que les voyes militaires se sont
mieux conservé dans la Franche-Comté, que dans
les autres provinces des Gaules ?

VI.

Si Besançon étoit une plus grande ville du temps
d'Auguste qu'à present ?

VII.

Combien de fois la ville de Besançon a été ruinée
& renversée ? Quelle étoit la capitale des Sequanois lors des ruines de Besançon ?

VIII.

En quel temps on a apellé Besançon *Chryfopolis*,
la Ville d'or ? Et pourquoy ?

IX.

Ce que c'est que la Tour qui est à Besançon, apellée *Ganelon* ? Qui l'a fait bâtir ?

X.

Quel Empereur Romain fit bâtir à Besançon le
Capitole, qui a subsisté jusqu'à nos temps, & la
Porte Noire qui subsiste encore ?

XI.

Où se terminoit à Besançon le Canal d'Arcier ?
Où étoient les Bains publics ?

XII.

A quel usage le mur qui est au milieu du Doux,
auprés de l'Abaye de Saint Paul ?

XIII.

Si Crocus fit brûler Mandeure, comme il fit
Brûler Besançon ?

XIV.

Si Atila a détruit Besançon, comme il détruisit Avenche ?

XV.

Si les Romains empescherent les Vandales de se rendre maîtres du païs des Sequanois : ou si les Bourguignons les en chasserent ?

XVI.

Quelles étoient les anciennes Armes des Sequanois, & s'ils avoient autrefois le Lion que nous avons à present ?

XVII.

Si le Chat étoit les anciennes Armoiries de nos Rois Bourguignons-Vandales : & les Abeilles de nos Rois Bourguignons-François ?

XVIII.

Si Mandeure n'est pas le *Datisium* de Ptolomé, que cet Auteur marque la premiere Ville des Sequanois ? Quand & pourquoy elle a changé de nom ?

XIX.

Si Mandeure étoit une colonie Romaine, & si les familles des Varrons & des Lentulus, qui y subsistent encore, sont des anciennes familles de Rome ?

XX.

Si Varron, qui a fait un Poëme *de Bello Sequanico*, n'étoit pas Comtois, plûtost que Gascon ?

XXI.

Si la ville *Equestris*, qui étoit la troisiéme ville de ce païs, selon Ptolomé, étoit située dans l'étenduë de la Franche-Comté d'aprésent ; & si les Auteurs qui ont écrit, que c'étoit Lausanne, ou Nion, ne se sont point trompé ?

XXII.

Où étoit le fameux port de ce païs, apellé *Alucina* ?

XXIII.

Où étoient les Châteaux dont parlent les anciens

Auteurs, *Castrum Vindonense, Argentarium, Ebrodunum,* &c.

XXIV.

Pourquoy on a apellé les Bourguignons qui firent la conquête de ce païs au cinquiéme siécle, Bourguignons-Vandales ? Etoient-ils d'ailleurs aussi grands, & d'une stature aussi haute, qu'on le publie ?

XXV.

D'où sont venus les Bourguignons-Vandales ? En quel temps ont-ils commencé à regner dans les Gaules ? En quelles provinces ? Quelles villes ont été les Capitales de leurs Etats ? Combien y a-t'il eû de Rois ?

XXVI.

Combien il y a eû de Rois Bourguignons-François ? En quel temps ils ont commencé & fini ? En quel lieu ils ont regné ?

XXVII.

Pourquoy les Bourguignons - Vandales firent les loix Gombettes, en conservant les loix Romaines ? Et quelle difference il y a des unes aux autres ?

XXVIII.

Si les Princes Bourguignons-Vandales firent battre de la monnoye d'or & d'argent à leur coin ; ou s'ils se servirent de celle des Empereurs Romains ?

XXIX.

Si les Bourguignons, & les François furent opposez dans la guerre des Huns, & dans la bataille qu'Aëtius donna à Atila ?

XXX.

Pourquoy apelle - t'on le Royaume d'Arles le Royaume de Bourgogne ? Les Princes d'Arles ont-ils été Souverains en ce païs ? En quel temps, & de quelle maniere ?

XXXI.

Combien y a-t'il de Ducs de Bourgogne de la

premiere race ? S'ils étoient Souverains en Franche-
Comté, & la maniere dont ils ont regné ?

XXXII.

Combien y a-t'il de Ducs de Bourgogne de la seconde race ? D'où est venuë la perte de cette Maison?

XXXIII.

Combien de Comtes Souverains dans la Franche-
Comté ? Pourquoy les apelloit-on Palatins ? Où fai-
soient-ils leur residnce ? Où sont-ils morts & en-
terrez ?

XXXIV.

Quel est l'Empereur Romain qui a le plus aimé
la Franche-Comté ? Quel est l'Empereur d'Allema-
gne qui l'a plus estimé & consideré? Quel est le Roy
ou le Duc de Bourgogne, qui luy a le plus accordé
de privileges ? Quel est le Comte de Bourgogne qui
luy a fait plus de bien ?

XXXV.

Si le premier Prince d'Orange a été Comtois ?
Quelles familles du pais étoient réünies à celle-là ?
De quelle maniere elle s'est élevée en la Franche-
Comté, & comment elle en est sortie ?

XXXVI.

Si le dernier Maître du Temple, apellé de Molais,
étoit Comtois ?

XXXVII.

L'origine & l'établissement de l'Ordre celebre de
la Toison d'Or ; sa fin & son progrés ; sa gloire &
ses avantages. D'où vient que cet Ordre s'est élevé
sur tant d'autres, & qu'il s'est si bien conservé?

QUESTIONS

Sur l'Histoire Ecclesiastique de la Franche-Comté.

Quand on propose ces questions, on ne pretend point d'affoiblir les Traduions Ecclesiastiques, comme quelqu'un pourroit s'imaginer : on pretend au contraire les affermir d'une maniere, que les Heretiques ne méprisent point la Religion, en les méprisant ; que les impies ne les prennent plus pour de petits contes, comme ils font ; que les ignorans n'en plaisantent point, comme il arrive d'ordinaire, parce qu'ils n'en sont pas instruits ; & que les sçavans en soient satisfaits. Dieu n'ayme d'ailleurs que la verité, il ne veut pas estre glorifié par l'erreur, ni par le mensonge. L'Eglise Catholique ne veut que la verité, elle n'apuye que sur la verité ; elle desavouë toujours l'erreur ; elle combat toujours le mensonge. Elle ne craint au fond que l'ignorance, qui fait blasphemer, comme parle l'Apôtre. Rien n'est grand, ni saint, ni digne de nos respects & de nos admirations, que ce qui est vray. Le faux ne merite que du mépris, & de tomber, comme il luy arrive tôt ou tard.

I.

Si faint Ferreol & faint Frejus envoyez de Lyon par faint Irené, ont été les premiers Apôtres de la Franche-Comté ? Il n'eft pas à croire que les Apôtres, qui étoient à Rome, ayent ainfi negligé les Gaules, comme Severe Sulpice, & Gregoire de Tours ont écrit, contre la Tradition univerfelle des Eglifes des Gaules, dont l'Eglife de Befançon eft une des principales.

II.

Si jamais herefie a regné & fubfifté dans la Franche-Comté, depuis l'érabliffement de la Religion Chrétienne ?

III.

S'il n'y a point eû d'Evêché à Mandeure ?

IV.

Si le Siege Epifcopal d'Avenche en Franche-Comté, a été transferé à Laufanne ?

V.

Si S. Germain eft le Fondateur de l'Abaye Royale des Dames de Beaume.

VI.

En quel temps faint Antide a été martirifé, en quel endroit, & par qui ?

VII.

Si l'hiftoire du voyage de faint Antide à Rome, n'eft pas veritable ; quoyque Baronius ne foit pas de ce fentiment ?

VIII.

Si le privilege accordé par le S. Siege à l'Evêque de Befançon, à l'occafion de S. Antide & en fa faveur ; fi ce privilege fut confirmé au Concile de Conftance, ou l'on nomma des Commiffaires pour examiner cette affaire.

IX.

Si S. Claude Evêque de Befançon, a figné au Concile d'Epaune ?

X.

Si quelque Abaye de la Franche-Comté a été de l'Ordre de S. Martin, avant que d'être de l'Ordre de S. Benoit.

XI.

S'il y avoit plusieurs maisons de l'Ordre de S. Martin, dans la Franche-Comté ? Quel étoit l'habit des Religieux de cet Ordre ?

XII.

S'il y a deux Saints Lupicins en Franche-Comté ?

XIII.

Si on peut contester le corps de S. Lupicin trouvé de nouveau ?

XIV.

Ce que c'est que le Manuscrit, qu'on apelle à S. Lupicin, l'Apocalypse ?

XV.

Qui sont les plus rares Manuscrits de cette Province ?

XVI.

Combien de Conciles on a tenu dans la Franche-Comté ?

XVII.

Combien il y a de Papes, de Cardinaux & de Generaux d'Ordre, de la Franche-Comté ?

XVIII.

Combien il y a de Saints canonisez de la Franche-Comté ?

XIX.

Combien d'Auteurs & combien de celebres Ecrivains de cette Province ?

XX.

Qui est l'Auteur qui a fait une plus grande Bevüé, ou Moreri qui a écrit que le Cardinal de Jouffroy étoit fils d'un marchand de Luxeu, ou Strada qui a dit que le Cardinal de Granvelle étoit de basse naissance, & qui à present assure, qu'il étoit fils d'un Maréchal ferrant de Besançon?

XXI.

Qui est l'Auteur de la Confrerie de S. George? Pourquoy l'a-t'on établi? Où & quand s'assemble-t'elle? Quels avantages en reviennent à la Noblesse & au païs?

XXII.

Si le Clou qu'on conserve à Saint Claude, sans l'exposer en veneration au peuple, qu'on dit être une Relique de l'Eglise de Lausanne, lors qu'elle étoit Catholique, si ce Clou est veritablement un des trois, dont Jesus-Christ fut attaché sur la Croix?

XXIII.

S'il y a une Province dans le Royaume, qui ait des Reliques plus considerables, & de plus beaux monumens de pieté que la Franche-Comté?

QUESTIONS

Sur les merveilles de la Nature qui sont dans la Franche-Comté, pour exercer les Poëtes, aussi bien que les Philosophes.

I.

Si le Puits d'où le Daim sort, est aussi profond que celui de la Glaciere; & si la Glaciere a quelque chose de plus beau & de plus curieux?

II.

Si la Grotte de Quingey est une merveille de la Nature plus surprenante, que la Grotte de Sancey? Si on a tiré de l'Or de la premiere; Et d'où vient l'Argent qui sort de la seconde?

III.

Si le Puits de Vesoul appellé *Fray-Puy*, passe en curiosité, le Puits de Bréme, auprés d'Ornan ?

IV.

Si la source du Lison n'est pas aussi belle, que celle de la Louve ?

V.

Si les Salines de Lonlesaunier ne sont pas plus admirables que celles de Salins ? D'où vient le flux & reflux des premieres ? Comment comprendre l'abondance prodigieuse des autres ?

VI.

Si les Romains ont connu les Salines ? S'ils les ont connu, pourquoy ne s'en sont-ils pas servi ?

VII.

S'il y a une Province dans le Royaume, qui puisse mieux se passer du secours des autres Provinces que le Franche-Comté ?